Analyse de l'œuvre

Par Marine Riguet et Eloïse Murat

Électre

de Jean Giraudoux

Rendez-vous sur lepetitlitteraire.fr et découvrez :

Plus de 1200 analyses
Claires et synthétiques
Téléchargeables en 30 secondes
À imprimer chez soi

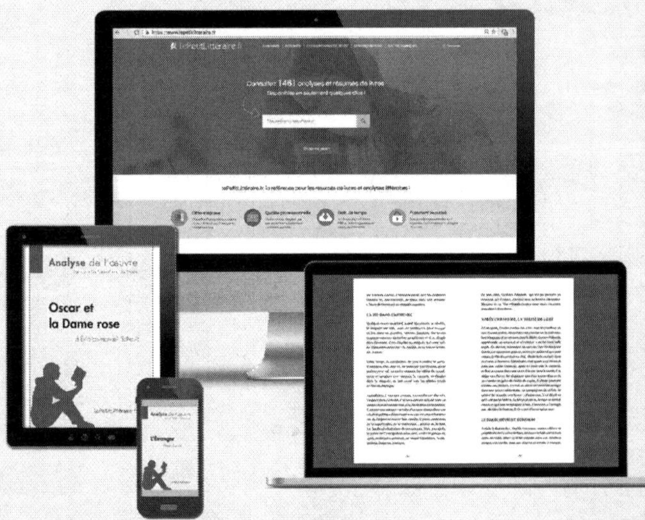

JEAN GIRAUDOUX

ÉCRIVAIN ET DRAMATURGE FRANÇAIS

- **Né en 1882 à Bellac (Haute-Vienne)**
- **Décédé en 1944 à Paris**
- **Quelques-unes de ses œuvres :**
  - *Simon le Pathétique* (1926), *roman*
  - *Amphitryon 38* (1929), pièce de théâtre
  - *La guerre de Troie n'aura pas lieu* (1935), pièce de théâtre

Jean Giraudoux est né en 1882. Il intègre le monde des intellectuels et des littéraires lorsqu'il entre à l'École normale supérieure, en 1903. Passionné de culture germanique, il visite de nombreux pays, dont l'Allemagne, mais aussi l'Italie, le Canada et les États-Unis.

Dès 1909, Giraudoux fait ses débuts en littérature avec un recueil de nouvelles : *Provinciales*. Il se lance ensuite dans une carrière de diplomate, qui s'interrompt avec la Première Guerre mondiale (1914-1918). Décoré à l'issue du conflit, il se remet à écrire. Dans les années vingt, il publie alors plusieurs romans poétiques comme *Suzanne et le Pacifique* (1921) ou *Siegfried et le Limousin* (1922). Mais ce sont véritablement ses pièces de théâtre qui le font connaitre du grand public dans la période d'entre-deux-guerres : *Amphitryon 38*, *La guerre de Troie n'aura pas lieu*, *Électre* (1937), *Ondine* (1939), etc. Ses pièces sont mises en scène par Louis Jouvet (acteur et metteur en scène français, 1887-1951).

Durant l'Occupation (1940-1944), Jean Giraudoux est

successivement commissaire général à l'information, président du Conseil supérieur de l'information, puis directeur des Monuments historiques. Il est proche de membres du gouvernement de Vichy (qui assure la gouvernance de la France pendant la Seconde Guerre mondiale, 1939-1945), mais affiche un certain rejet de l'État français du maréchal Pétain (homme d'État français, 1856-1951), notamment à travers *Armistice à Bordeaux* (1945), un texte qui n'est publié qu'après sa mort. Il meurt en 1944, à l'âge de 61 ans.

ÉLECTRE

UN MYTHE ANTIQUE AUTOUR DE LA VÉRITÉ ET DE L'AMOUR

- **Genre :** théâtre
- **Édition de référence :** *Électre*, Paris, Larousse, coll. « Petits Classiques », 1998, 286 p.
- **1re édition :** 1935
- **Thématiques :** haine, vengeance, meurtre, famille, exil, culpabilité

En 1935, Jean Giraudoux s'empare du mythe fécond d'Électre dans une tragédie en deux actes. Il l'adapte en approfondissant le conflit entre Électre et sa mère Clytemnestre, épouse du roi Agamemnon, ainsi que la symbiose entre la jeune femme et son frère Oreste. Giraudoux y présente aussi une Clytemnestre moins cruelle que dans les pièces antiques : le fait qu'elle souffre de se faire haïr par ses enfants la rend plus pitoyable et sympathique aux yeux du public. Dans cette version, Clytemnestre et Égisthe, son amant, sont tous les deux les assassins d'Agamemnon.

La pièce est mise en scène par Louis Jouvet et représentée pour la première fois le 13 mai 1937, au théâtre de l'Athénée (Paris). Elle connait un succès public immédiat, malgré un accueil critique mitigé.

RÉSUMÉ

UN PÈRE ASSASSINÉ

Dans le palais d'Argos, ville grecque, vit la famille royale : la reine Clytemnestre, la princesse Électre, sa fille, et Égisthe, cousin du roi Agamemnon. Celui-ci a été désigné pour être le régent du royaume depuis la disparition du roi, qui serait mort en glissant sur les marches savonneuses du palais à son retour de la guerre. En fait, Agamemnon été assassiné par Clytemnestre et Égisthe, qui n'est autre que son amant. Ils ont eux-mêmes savonné l'escalier et, une fois le roi tombé, Clytemnestre l'a maintenu au sol tandis qu'Égisthe l'a transpercé de son épée.

Clytemnestre était en effet rongée par la haine depuis qu'Agamemnon avait offert leur fille Iphigénie en sacrifice. Le roi avait attisé la colère de la déesse Artémis, qui avait déclenché une tempête sur la mer, empêchant les Grecs de partir pour la guerre de Troie. Pour apaiser la déesse et emmener les Grecs au combat, il n'avait alors pu que sacrifier sa propre fille, et Clytemnestre ne le lui a jamais pardonné.

Au début de la pièce, Électre ignore le meurtre d'Agamemnon. Profondément marquée par le décès de son père et vivant depuis des années dans le deuil, elle ressent de la haine pour Clytemnestre et pour Égisthe, sans toutefois en connaitre la raison. Tout se passe comme si elle pressentait la vérité sur la mort d'Agamemnon – une vérité dont elle prendra connaissance plus tard en songe.

Pour l'heure, sa haine envers sa mère entraine des disputes continuelles entre les deux femmes – des querelles à propos de n'importe quel sujet. Électre prend un malin plaisir à être toujours de l'avis contraire à celui de sa mère. Par exemple, lorsqu'Égisthe souhaite la marier au jardinier pour l'éloigner, Clytemnestre est contre cette union. Électre, quant à elle, se moque de ces épousailles, mais prend le parti de les accepter, juste pour donner du souci à sa mère.

LE RETOUR D'ORESTE

Oreste, le frère d'Électre, revient à Argos après des années d'un exil dont on sait seulement qu'il est dû à Clytemnestre. Il ne se présente pas sous sa véritable identité au peuple d'Argos, mais se fait passer pour un étranger. Il est accueilli par les Euménides, trois déesses de la vengeance et du châtiment à l'apparence de petites filles qui parlent de manière mystérieuse.

Au même moment doivent avoir lieu les noces d'Électre avec le jardinier, ordonnées par Égisthe. Arrive également un mendiant qui semble ivre et parle à tort et à travers. Sa présence est néanmoins tolérée par la famille royale. Il commente régulièrement ce qu'il observe et notamment le comportement d'Électre. Celle-ci cherche par-dessus tout à faire la lumière sur la mystérieuse mort de son père, ce qui fait d'ailleurs dire au mendiant qu'elle est « la vérité sans résidu, la lampe sans mazout, la lumière sans mèche » (acte I, scène XIII).

Égisthe prétexte qu'il veut marier Électre au jardinier pour la cacher dans une famille qui n'attire pas le regard des dieux, afin qu'elle échappe à la malédiction des Atrides. Mais d'après le mendiant, ces justifications recèlent un tout autre dessein : il conclut que le régent désire tuer Électre, parce que celle-ci représenterait un danger pour lui. Par ailleurs, le mariage est contesté aussi bien par Clytemnestre que par la famille du jardinier – M. Théocathoclès, cousin éloigné du futur mari et second président du tribunal, et son épouse Agathe –, parce qu'il ne convient pas à une princesse. Électre, quant à elle, accueille les noces avec indifférence.

Alors qu'Égisthe et Clytemnestre s'absentent, l'étranger prend la place du jardinier au côté d'Électre : celle-ci reconnait en lui son frère, Oreste. C'est alors que Clytemnestre reparait pour convaincre sa fille de quitter le jardinier et de revenir au palais. Électre lui présente l'étranger comme son nouveau mari, et Clytemnestre, indignée, s'éloigne sans avoir reconnu son fils.

DES RÉVÉLATIONS LOURDES
DE CONSÉQUENCES

Lors de leurs retrouvailles, Électre fait part à son frère de la haine qu'elle éprouve envers Égisthe et leur mère, mais Oreste, ne comprenant pas son ressentiment, cherche à la calmer en lui parlant de paix et d'amour. Clytemnestre revient vers Électre et insiste pour voir le visage de l'étranger, ce qui provoque une nouvelle fois une dispute entre elle et sa fille.

Pendant ce temps, une rumeur se répand : Oreste serait en route pour récupérer le trône de son père. Égisthe, prenant peur, envoie des soldats aux portes d'Argos. Il ignore qu'Oreste se tient en fait devant lui. Électre quitte alors son frère, et Clytemnestre, s'approchant de lui, reconnait enfin son fils. Elle l'en informe et tente de renouer des liens avec lui, mais il conserve ses distances.

Le président du tribunal et son épouse ont une violente dispute : Agathe aurait un amant et son mari aimerait connaitre son nom. Parallèlement, Électre et Oreste interrogent aussi Clytemnestre sur l'identité de son amant. En effet, dans un songe, Électre a vu le cadavre de son père « tel qu'il était le jour du meurtre [...] il y avait dans son vêtement un pli qui disait : je ne suis pas le pli de la mort, mais le pli de l'assassinat ». (acte II, scène III) Elle s'est alors persuadée de la culpabilité de sa mère, car « [elle] l'a vue morte. Son cadavre d'avance l'a trahie. [...] Son sourcil était le sourcil d'une femme morte qui a eu un amant » (*ibid.*). Ainsi, Électre a appris la vérité, qu'elle a aussitôt annoncée à son frère : leur père, Agamemnon, a été assassiné, et leur mère a un amant.

De son côté, lorsqu'Agathe finit par avouer qu'elle a deux amants, et que l'un d'eux est Égisthe, Clytemnestre la couvre d'injures. Électre comprend alors qu'Égisthe est également l'amant de sa mère. Celui-ci parait d'ailleurs au moment où l'on crie son nom et, de manière inattendue, se déclare à Électre : « J'avais ton nom sur ma bouche comme un tampon d'or. » (acte I, scène VII) Mais la jeune fille, défendant son amour pour son père et pour la justice, accuse Clytemnestre et Égisthe d'avoir tué Agamemnon. Accablée, Clytemnestre avoue sa haine pour son ancien époux et confesse leur crime.

DEUX NOUVEAUX MEURTRES
POUR VENGER LE PREMIER

Au même moment, les Corinthiens envahissent Argos. Égisthe envisage de devenir roi en épousant Clytemnestre, afin d'assurer sa légitimité auprès du peuple et de l'armée. Ainsi, il pourrait facilement commander les soldats, arrêter les ennemis et sauver la ville.

Le mendiant profite de la situation pour raconter le meurtre d'Agamemnon, ce qui confirme le rêve d'Électre et donne à Oreste l'envie de punir les coupables. Alors que le fils part tuer sa mère et son amant, le mendiant reprend la parole pour décrire le meurtre d'Égisthe et de Clytemnestre, de manière quasi prophétique :

> « [Égisthe] entendit crier dans son dos une bête qu'on saignait. Et ce n'était pas une bête qui criait, c'était Clytemnestre. Mais on la saignait. Son fils la saignait. Il avait frappé au hasard sur le couple, en fermant les yeux. [...] Et [Clytemnestre] se cramponnait au bras droit d'Égisthe. [...] Mais elle empêchait Égisthe de dégainer. [...] Alors il lutta. Du seul bras gauche sans armes [...] il lutta de sa main que l'épée découpait peu à peu, mais le lacet de sa cuirasse se prit dans une agrafe de Clytemnestre et s'ouvrit. Alors il ne résista plus. » (acte II, scène IX)

Les Corinthiens détruisent finalement la ville, et les Euménides, devenues jeunes femmes, annoncent qu'elles poursuivront Oreste et le persécuteront pour son crime, jusqu'à ce qu'il se donne la mort.

Électre reste seule avec le mendiant et la femme Narsès, une de ses connaissances. Le mendiant prédit l'arrivée d'une aube nouvelle.

ÉTUDE DES PERSONNAGES

Électre

Électre fait partie de la famille des Atrides, qui est soumise à la malédiction depuis le fratricide d'Atrée. Fille d'Agamemnon et de Clytemnestre, Électre (en grec, son nom signifie « ambrée ») a 21 ans au début de la pièce. Elle est alors complètement seule : son père est mort, sa mère la prive d'amour, sa sœur Iphigénie a été sacrifiée et son frère Oreste est exilé. Surtout, elle est exclusivement dirigée par un amour quasi incestueux pour son père, par sa haine pour sa mère et par son désir de vengeance.

Électre incarne la recherche de la vérité dès son apparition à la scène IV de l'acte I : « C'est faux ! Je n'ai pas poussé Oreste ! » Au début de l'acte II, cette vérité lui apparait d'ailleurs dans un rêve, à la manière d'une révélation divine : elle comprend que la mort de son père n'a pas pu être accidentelle.

Elle devient ensuite une métaphore de la lumière qui dévoile la vérité au grand jour : « C'est la lueur qui manquait à Électre. Avec le jour et la vérité, l'incendie [du palais d'Argos] lui en fait trois. » (acte II, scène X) Électre fait éclater la vérité autour d'elle : sous son influence, Agathe avoue à son mari qu'elle le trompe, Clytemnestre crie sa haine et son amour, et Égisthe se déclare.

Oreste

Selon le mythe antique, Oreste revient à Argos à l'âge adulte pour exécuter l'oracle d'Apollon, c'est-à-dire venger le meurtre de son père. Chez Giraudoux, il apparait d'abord sous les traits de l'étranger. Il ne partage ni l'obsession ni la haine de sa sœur, mais semble au contraire paisible et partisan du bonheur.

Son comportement est donc d'abord pacifique : il prend très peu la parole et cherche toujours à éviter l'affrontement. Il tente d'ailleurs de convaincre Électre d'apaiser sa haine pour qu'ils puissent être heureux ensemble, en vain. Il dépend d'Électre, est presque étouffé par elle et devient l'instrument de sa vengeance, puisque c'est de sa main que sont finalement assassinés Clytemnestre et Égisthe. Il incarne ainsi le héros tragique, soumis au destin et à la fatalité.

Clytemnestre

Fille de Tyndare – roi mythique de Sparte – et de Léda, épouse d'Agamemnon, Clytemnestre est reine de Mycènes. D'après le mythe antique, elle ne pardonne pas à son époux le sacrifice de leur fille Iphigénie et, avec son amant Égisthe, tue donc Agamemnon à son retour de Troie. C'est un personnage sans pitié qui ne recule devant rien pour arriver à ses fins.

Giraudoux en fait quant à lui une reine vieillissante, humaine et digne de pitié. Loin de se montrer insensible, elle est bouleversée de retrouver son fils : « Mais que mon fils soit lui-même devant moi, qu'il parle, qu'il respire, je perds mes forces. » (acte I, scène XI) Elle est également capable d'un amour profond : « Depuis dix ans, j'aime Égisthe. » (acte II, scène VII) Et même envers Électre, elle cherche à être conciliante : ainsi, elle refuse de la marier contre son gré à un jardinier, puis accepte son soudain rapprochement avec l'étranger.

En outre, elle se défend mal lorsque sa fille l'accuse, et sa maladresse lui confère alors un aspect sympathique. C'est le cas, par exemple, lorsqu'elle évite de répondre aux questions de ses enfants et cherche à détourner la conversation :

> « ORESTE – Mère, est-ce vrai que tu as un amant ?
> CLYTEMNESTRE – C'est aussi ta question, Électre ?
> ÉLECTRE – On peut la poser ainsi.
> CLYTEMNESTRE – Mon fils et ma fille me demandent si j'ai un amant ? [...] Les dieux rougiraient de t'entendre. » (acte II, scène IV)

Clytemnestre meurt assassinée par son fils, Oreste, en appelant le secours de sa dernière fille, Chrysothémis. Elle apparait elle aussi comme une victime du destin tragique.

Égisthe

Selon le mythe antique, Agamemnon, dont il est le cousin, lui confie son royaume lorsqu'il part pour la guerre de Troie. Égisthe, fourbe et malhonnête, en profite pour séduire Clytemnestre et régner sur Mycènes.

Le personnage a plus de grandeur dans l'œuvre de Giraudoux que dans le mythe original. Régent, il se bat pour opposer son pouvoir aux assaillants (les Corinthiens) : « Pour toujours j'ai reçu ce matin ma ville comme une mère son enfant. » (acte II, scène VII) Il se révèle à l'acte II, où sa métamorphose devient visible, ainsi que l'indique la didascalie : « *Égisthe paraît. Infiniment plus majestueux et serein qu'au premier acte.* » (acte II, scène VI) De fait, il est prêt à donner sa vie pour sauver Argos. Sa dernière confrontation à Électre, dans la scène VIII de l'acte II, devient une lutte entre l'appel de la vérité absolue et la priorité accordée à la survie du peuple.

Égisthe meurt assassiné par Oreste, « désespéré de mourir en criminel quand tout de lui était devenu pur et sacré, de combattre pour un crime qui n'était plus le sien » (acte II, scène IX).

Les Euménides

Il est dit dans le mythe antique qu'Oreste est tourmenté par les Érinyes (déesses de la vengeance) après son parricide. Eschyle (poète tragique grec, vers 525 av. J.-C.-456 av. J.-C.), dans son *Orestie*, métamorphose ces Érinyes en déesses bienveillantes : les Euménides, incarnations de la justice.

Les Euménides de Giraudoux n'ont pourtant rien de bienfaisant. Au contraire, elles interviennent pour hanter les personnages, se moquer d'eux ou les injurier. Dès la première scène, elles récitent : « La reine Clytemnestre a mauvais teint. Elle se met du sang ! » Au cours de l'acte II, elles attachent Oreste pour l'empêcher de répondre aux appels de sa sœur. Et dans la dernière scène, avant de se lancer à la poursuite d'Oreste, elles invectivent Électre, qu'elles accusent d'être responsable de la tragédie : « Tu n'es plus rien ! Tu n'as plus rien ! » (acte II, scène X)

Giraudoux valorise ces figures en leur donnant une dimension fantastique : elles ne cessent de grandir, apparaissant sous le physique de petites filles dans la première scène pour atteindre exactement l'âge et la taille d'Électre à la fin de la pièce. Créatures mystérieuses et monstrueuses, elles sont aussi des figures du divin.

LES PERSONNAGES CRÉÉS PAR GIRAUDOUX

Le mendiant

C'est sans doute le personnage le plus énigmatique de la pièce. Il assiste à toutes les scènes, excepté les deux premières, sans donner d'explication à sa présence. Égisthe le fait assoir sur un escabeau, sorte de trône précaire. Ses discours semblent décousus, symboliques, parfois même prophétiques ou simplement comiques.

Prétendument ivre, il n'est véritablement écouté de personne. Pourtant, il fait preuve d'une étonnante clairvoyance tout au long de la pièce : il divulgue qu'Égisthe se sent menacé par Électre dès le début de l'acte I, mais il discerne également son amour pour elle (« J'aurais plutôt cru que si Égisthe se sentait un penchant, c'était pour Électre », acte II, scène VI). Il annonce aussi immédiatement les enjeux de la tragédie : « [Électre] va commencer à mordre et à mettre la ville sens dessus dessous. » (acte I, scène III) Enfin, c'est lui qui rapporte aux spectateurs les deux meurtres : le premier, à l'origine de la tragédie – celui d'Agamemnon –, et le second, qui vient la clore – celui de Clytemnestre et d'Égisthe.

Il est capable de décrire l'action simultanément à son déroulement, et même de la devancer en prédisant les évènements avant qu'ils n'aient lieu : « J'ai raconté trop vite. Il me rattrape. » (acte II, scène IX) En ce sens, le mendiant est un personnage divin, qui représente à la fois le passé, le présent et l'avenir. On peut aussi y reconnaitre une figure du cynique Diogène (philosophe grec, v. 404 av. J.-C.-v. 323 av. J.-C.) qui, selon la légende, vivait comme un mendiant et proférait des répliques acerbes.

Les Théocathoclès

Personnages issus de la bourgeoisie moderne, ils sont à l'origine des quelques scènes conjugales qui ponctuent la pièce. Le président, mesquin et ridicule, incarne le rôle du mari cocu, tandis que sa femme, Agathe, s'abandonne à des revendications féministes qui initieront la révolte de Clytemnestre.

Le jardinier

C'est un homme humble et simple, très étonné qu'on lui donne Électre en mariage. Le laboureur d'Euripide (poète tragique grec, 480 av. J.-C.-406 av. J.-C.) a inspiré Giraudoux pour ce personnage. Le jardinier est prêt à rendre Électre heureuse et fait tout pour montrer qu'il est de son côté. Mais lorsqu'Oreste revient, il est immédiatement effacé, remplacé. Il n'existe plus aux yeux d'Électre. Il apparait une dernière fois entre les deux actes, pour prononcer son lamento (chant plaintif). Il se plaint alors de ne pouvoir épouser Électre, de ne plus pouvoir se marier après cela et de ne plus servir à rien. Sa tirade, directement adressée au public, a ceci de particulier qu'elle se situe hors de la tragédie : à travers ce personnage, Jean Giraudoux livre en fait ses considérations sur le genre tragique.

La femme Narsès

Annoncée par une anecdote du mendiant et présente dans les deux dernières scènes, elle devient un double maternel bienveillant de Clytemnestre et adopte Électre en l'appelant « ma fille ».

CLÉS DE LECTURE

LA TRAGÉDIE : DE L'ANTIQUITÉ AU XXᵉ SIÈCLE

Un genre très codifié

La tragédie est un genre théâtral qui apparait dans l'Antiquité grecque, au Vᵉ siècle, à Athènes. La muse de la tragédie, Melpomène, inspire et protège alors les dramaturges. Le genre est successivement codifié par Aristote (philosophe grec, 384 av. J.-C.-322 av. J.-C.), puis par Horace (poète latin, 65 av. J.-C.-8 av. J.-C.).

Il se renouvèle ensuite durant la Renaissance sous l'impulsion des humanistes et sous l'ère élisabéthaine (période associée au règne d'Élisabeth Iʳᵉ, 1558-1603). En France, au XVIIᵉ siècle, de nombreux auteurs s'attèlent à leur tour à développer ce genre, les plus connus étant Pierre Corneille (poète dramatique français, 1606-1684) et Jean Racine (poète tragique français, 1639-1699). À cette époque, la tragédie est à nouveau codifiée par l'abbé d'Aubignac (écrivain français, 1604-1676) en 1657 et, surtout, par Nicolas Boileau (écrivain français, 1636-1711), dans *L'Art poétique* (1674).

Longtemps considérée comme le genre littéraire le plus prestigieux, elle met en scène des personnages au rang social élevé, contrairement à la comédie, qui représente des personnages de la classe moyenne, et à la farce, qui se consacre à des personnages de la classe populaire. Toute la trame de la tragédie repose sur la connaissance d'un évènement malheureux imminent que les personnages tentent d'éviter. Au cours du déroulement, certains éléments peuvent donner l'impression que tout va s'arranger, mais à la fin, le malheur survient tout de même, fatalement.

Électre au fil des siècles

Comme le genre tragique, le mythe d'Électre a traversé les siècles. Dès l'Antiquité, Électre est décrite comme une jeune membre de la famille des Atrides dont le père, Agamemnon, est assassiné après son retour de la guerre de Troie. Selon les versions, son assassin est tantôt Clytemnestre, sa femme, tantôt Égisthe, son cousin – et l'amant de son épouse. Quelques années plus tard, Électre s'allie à son frère, Oreste, qui s'était jusque-là caché par peur des représailles d'Égisthe, qui prétend au trône. Oreste tue finalement Clytemnestre et Égisthe, puis devient fou, poursuivi par les Érinyes, car il a manqué à la piété filiale en tuant sa mère.

Le mythe antique d'Électre est retracé pour la première fois dans l'*Odyssée* du poète épique grec Homère (VIIIe siècle av. J.-C.), puis repris au Ve siècle av. J.-C. par d'autres auteurs comme Pindare (poète lyrique grec, 518 av. J.-C.-v. 438 av. J.-C.) dans les *Pythiques*, Eschyle dans sa trilogie de l'*Orestie* (*Agamemnon*, *Les Choéphores* et *Les Euménides*) ou encore Sophocle (poète tragique grec, vers 495 av. J.-C.-406 av. J.-C.) et Euripide dans leurs *Électre* respectives.

Avant d'être réinterprété par Jean Giraudoux en 1935, le mythe a notamment reparu au XVIIIe siècle, sous les plumes du baron de Longepierre (dramaturge français, 1659-1731) et de Crébillon (dramaturge français, 1674-1762). Au XXe siècle, après que l'auteur de *La guerre de Troie n'aura pas lieu* l'a remis au gout du jour, il inspire encore des auteurs comme

Marguerite Yourcenar (femme de lettres française et américaine, 1903-1987) avec *Électre ou la Chute des masques* (parution en 1954), Jean-Paul Sartre (philosophe et écrivain français, 1905-1980) avec *Les Mouches* (parution en 1947) ou Jean Anouilh (dramaturge français, 1910-1987) avec *Tu étais si gentil quand tu étais petit* (1972).

La vogue des réécritures mythiques dans la période d'entre-deux-guerres

Dans la période d'entre-deux-guerres, Jean Giraudoux n'est pas le seul auteur dramatique à reprendre les mythes de l'Antiquité. En 1922, Jean Cocteau (écrivain et cinéaste français, 1889-1963) reprend le mythe d'Antigone puis, en 1934, s'intéresse à Œdipe (*La Machine infernale*, 1934). Dans les années trente, plusieurs auteurs se livrent à leur tour à des réécritures : parmi eux, André Gide (écrivain français, 1869-1951) avec *Œdipe* (1930) et Jean Giraudoux lui-même avec d'autres pièces sur le thème de l'Antiquité comme *La guerre de Troie n'aura pas lieu* (1935).

Dans la période de l'entre-deux-guerres, les dramaturges entretiennent donc une certaine fascination pour l'époque antique et pour des auteurs tels qu'Eschyle, Sophocle et Euripide. Cette tendance se poursuit jusqu'à l'Occupation et même après la Seconde Guerre mondiale. En effet, Jean-Paul Sartre reprend à son tour le mythe d'Électre, tandis que Jean Anouilh (écrivain et dramaturge français, 1910-1987) s'empare du mythe d'Antigone, avec sa pièce parue en 1946. Ainsi, chaque auteur dramatique adapte le mythe à sa façon, en y insérant des éléments propres à son époque, qui rendent parfois le texte anachronique. Et de fait, l'actualisation des mythes antiques est souvent prétexte au soulèvement de problématiques contemporaines.

LA RÉÉCRITURE D'UN MYTHE ANTIQUE

Lorsque Giraudoux réécrit le mythe d'Électre, il reprend les éléments de la tradition grecque, comme la structure de la tragédie classique, mais fait également preuve d'originalité et de modernité.

Le respect de la tradition grecque

- **Le mythe des Atrides :** la pièce est fidèle au mythe antique en rappelant des éléments comme la malédiction qui pèse sur les descendants d'Atrée, le sacrifice d'Iphigénie, le contexte de la guerre de Troie et l'oracle finalement accompli par Oreste.
- **La présence de la fatalité, du *fatum* :** les personnages sont soumis au destin inéluctable que leur réservent les dieux, comme dans toute tragédie antique. Tous les personnages vont devoir « se déclarer », devenir eux-mêmes, pour assumer pleinement leur destin. Par exemple, dans la tragédie *Œdipe roi* (Ve siècle av. J.-C.) de Sophocle, Œdipe fuit ses parents, car il apprend par un oracle qu'il va tuer son père et épouser sa mère. Plus tard, pourtant, il apprend que Polybe et Mérope n'étaient pas ses vrais parents ; il découvre aussi que le vieil homme qu'il a tué était son véritable père, Laïos, et que la femme qu'il a épousée, Jocaste, reine de Thèbes, n'est autre que sa véritable mère.
- **La présence du divin :** lié à la fatalité, le divin est omniprésent à travers les Euménides et le personnage du

mendiant. La présence des dieux est d'ailleurs également affirmée par les personnages ; aussi le jardinier ou Égisthe s'y réfèrent-ils directement : « Ô puissances du monde. » (acte II, scène VII) En outre, les rêves servent à transmettre des messages surnaturels. Électre reçoit la vérité en dormant : « Son cadavre cette nuit m'est apparu, tel qu'il était le jour du meurtre, mais c'était lumineux, il suffisait de lire. » (acte II, scène III)

La structure d'une tragédie classique

- **Le respect de la règle des trois unités :** l'unité de lieu est assurée, puisque la pièce se déroule toujours dans la cour intérieure du palais d'Agamemnon, ainsi que le prouve le statisme du mendiant sur son escabeau. L'unité de temps est également respectée : la pièce tient en moins de 24 heures, mais s'étale de manière originale de la fin de l'après-midi à l'aube, du crépuscule au jour neuf. Enfin, l'unité d'action est également observée, car la pièce s'organise tout entière autour de la vengeance d'Électre.
- **Le respect de la bienséance :** afin de ne pas choquer le spectateur, les scènes de meurtre – celui d'Agamemnon d'abord, puis celui d'Égisthe et Clytemnestre – ne sont pas représentées sur scène, mais racontées par le mendiant.

Une pièce nouvelle, originale et moderne

- **Une composition inhabituelle :** la pièce se découpe en deux actes (et non cinq, comme il est d'usage), reliés entre eux par le lamento du jardinier qui marque une pause dans l'action – celui-ci s'adresse directement au spectateur. À la différence de la tradition antique,

Giraudoux supprime les chœurs, qu'il remplace par les récitations et par les jeux des Euménides au cours de la pièce.

- **Les anachronismes :** bien que la pièce se déroule dans un cadre antique, elle est jalonnée d'éléments propres à la vie moderne. On y trouve par exemple un cigare, une lampe sans mazout, un maçon, ainsi que des revendications sur le droit des femmes. En particulier, Agathe, qui revendique son insoumission et son indépendance, incarne la femme moderne par excellence : « Je lui cire ses chaussures. Pourquoi ?... Je lui brosse ses pellicules. Pourquoi ?... Je lui filtre son café. Pourquoi ? » (acte II, scène VI)

- **Les variantes du mythe :** Giraudoux ne se contente pas de réécrire l'histoire d'Électre, il la réinvente. Ainsi, il crée de nouveaux personnages (le mendiant, le jardinier, etc.) qui proposent une interprétation renouvelée du mythe. Il introduit aussi quelque innovation au sein du déroulement : Électre, pendant tout le premier acte, ignore ici la liaison entre Égisthe et Clytemnestre (dans le mythe original, elle sait depuis toujours qui sont les assassins de son père) ; elle obéit alors moins à un désir de vengeance qu'à une quête de vérité, et la pièce ne peut se conclure qu'une fois les aveux des coupables obtenus. En outre, le monothéisme vient en quelque sorte se mêler ici au polythéisme, de sorte qu'Égisthe et le jardinier invoquent indifféremment « le ciel », « les puissances » ou « Dieu ». Enfin, Giraudoux prend de la distance avec le ton tragique : le mendiant et les Euménides se moquent des autres personnages dans un registre ironique.

- **Le contexte de l'entre-deux-guerres :** Giraudoux écrit

sa pièce à une époque où les relations franco-allemandes se tendent. On peut donc y voir une réflexion politique sur le rôle de chaque individu au sein de la communauté ou sur l'attitude à adopter face au totalitarisme. Faut-il avoir l'intransigeance d'Électre et conduire son peuple au massacre ? Ou préférer la cohésion sociale que maintient Égisthe au détriment de la justice ?

Le mélange des genres et des tons

Électre, selon la tradition antique, est une tragédie. Giraudoux reprend certains éléments de ce genre :

- le choix d'un sujet noble, c'est-à-dire qui traite de grands problèmes moraux et politiques (le conflit entre la justice, la vérité et les lois humaines) ;
- la volonté de susciter la terreur et la pitié. Si les crimes et la haine peuvent inspirer la terreur chez le spectateur, certaines faiblesses comme celles de Clytemnestre appellent à la pitié ;
- la présence d'une fin tragique. La pièce se clôt dans le sang. Néanmoins, Giraudoux conclut sa pièce sur le symbole de l'aurore, qui porte l'espoir d'un renouveau. Ce type de schéma n'est d'ailleurs pas sans nous faire penser au sanglant massacre de la Première Guerre mondiale et à l'espoir de paix qui est né après elle.

Mais la pièce de Giraudoux prend également ses distances avec le registre tragique. Et c'est alors qu'elle recourt à la parodie :

- les Théocathoclès parodient le couple royal dans leurs

scènes de ménage ;

- les Euménides deviennent les caricatures détournées des Érinyes antiques et imitent entre elles Oreste et Clytemnestre sous forme satirique : « PREMIÈRE EUMÉNIDE – Je n'ai aucune arrière-pensée. Je ne veux pas t'influencer... Mais si une épée comme celle-là tuait ta sœur, nous serions bien tranquilles ! DEUXIÈME EUMÉNIDE – Tu veux que je tue ma sœur ? PREMIÈRE EUMÉNIDE – Jamais. Ce serait un fratricide. L'idéal serait que l'épée la tue toute seule. » (acte I, scène XII) ;

- Agamemnon, figure royale, est désacralisé par le récit du mendiant, puis par les propos de Clytemnestre, au point de devenir un personnage ridicule. Par exemple, au moment où le mendiant relate la mort d'Agamemnon, il montre que le souverain n'avait rien de majestueux et n'a absolument pas compris les intentions de ses assassins : « Mais ce qu'il trouvait singulier, c'est que son épouse bienaimée l'eut saisi aux poignets et pesa de tout son poids pour le clouer sur le dos, comme la pêcheuse maintient les grosses tortues échouées. » (acte II, scène IX)

Enfin, la pièce de Giraudoux exploite les différents ressorts de la comédie :

- **le burlesque :** il est provoqué par une discordance entre la situation et le registre de langue. Giraudoux aime mêler le noble au trivial, créant ainsi un décalage comique. Le registre familier surgit brusquement et impose une distance avec la tension tragique de la scène. Aussi les Euménides crient-elles par exemple : « Le destin te montre son derrière, jardinier. » (acte I, scène I) Et le mendiant déclare : « Qu'elle se casse la gueule, la petite Électre. » (acte I, scène XIII)

- **le comique de langage :** grâce à des jeux de mots ou à des antithèses ironiques, les personnages ont un répondant digne des plus grandes comédies. Par exemple : « LE PRÉSIDENT. – : C'est à se tuer ! À se jeter la tête contre le mur ! AGATHE. – : Ne te gêne pas pour moi. Le mur mycénien est solide. » (acte II, scène VI)

LE SCHÉMA NARRATIF

Le schéma narratif d'*Électre* permet de comprendre comment est structurée la pièce, quels sont ses tenants et ses aboutissants.

Situation initiale : c'est le début de l'histoire, le moment où on plante le décor et où on présente les personnages ; la situation est équilibrée, c'est-à-dire qu'elle n'a aucune raison d'évoluer.

- Électre en veut à Clytemnestre et à Égisthe, sans savoir pourquoi. Depuis des années, elle est perturbée par la mort de son père, Agamemnon, et la disparition de son frère, Oreste. Elle a accepté d'épouser le jardinier que lui promet Égisthe pour aller à l'encontre de l'avis de sa mère.

Élément perturbateur : c'est un évènement qui vient perturber la situation initiale et qui va déclencher l'histoire proprement dite.

- Un mendiant arrive et révèle certains desseins des

personnages – la quête de vérité d'Électre, mais aussi les motivations souterraines d'Égisthe. Surtout, Oreste revient, entouré des Euménides. Électre est alors obnubilée par le retour de son frère et ne voit plus le jardinier, qui disparait.

Péripéties : ce sont les évènements provoqués par l'élément perturbateur et qui entrainent la ou les actions entreprises par le héros pour résoudre le problème.

- Lorsqu'Oreste et Électre se retrouvent, un espoir nait. Rien n'est encore perdu. La colère d'Électre semble s'apaiser, étouffée par la joie de revoir son frère. Ce dernier propose d'ailleurs qu'ils partent tous deux sans réaliser leur vengeance : « Pourquoi ne pas prendre la première route, et aller au hasard ! [...] Je suis dans un de ces moments où je vois si net la piste de ce gibier qui s'appelle le bonheur. » (acte II, scène III)

Dénouement : il met un terme aux péripéties et conduit à la situation finale.

- Électre apprend dans un songe qu'Agamemnon a été assassiné et que leur mère a un amant. En révélant à Oreste cette vérité, elle le convainc de réaliser leur vengeance. Cet acte vient sceller leur destin.

Situation finale : c'est la fin de l'histoire. La situation est à nouveau stable, comme la situation initiale, mais elle a subi des transformations.

- Le fatum s'abat sur eux, répandant la mort : Oreste tue

finalement Clytemnestre et Égisthe. Il est pourchassé par les Euménides pour son crime. Électre reste seule, pour une nouvelle ère.

LES THÈMES PRINCIPAUX

La vérité

L'ensemble de l'intrigue se construit autour des mensonges qu'Électre tente de percer, et chaque personnage, à sa mesure, est confronté au mensonge, ou tout du moins à la dissimulation :

- Clytemnestre cache son amour pour Égisthe ;
- Égisthe nie le meurtre d'Agamemnon ;
- Oreste se fait d'abord passer pour un étranger ;
- Agathe ment à son mari et à son amant ;
- les Euménides, à la fin du premier acte, jouent masquées.

Mais, sous l'influence d'Électre, les masques tombent un à un à l'acte II. On découvre alors la vérité sur chacun des personnages.

Ce thème amène une réflexion plus philosophique sur la notion de vérité. En effet, cette vérité revendiquée au nom de la justice n'est pas toujours bonne, puisqu'elle provoque un parricide et le massacre de « mille innocents » (acte II, scène X). Elle est même « coupable » selon les petites Euménides (*ibid.*). Contrairement à l'image que défend Électre, la vérité n'est donc ni pure ni une, elle est multiple et contradictoire...

L'amour

Malgré la haine que crie Électre à de nombreuses reprises, cette pièce parle avant tout d'amour. Le jardinier, dans son lamento, insiste d'ailleurs sur cet enjeu majeur : « C'est une entreprise d'amour, la cruauté... pardon, je veux dire la Tragédie. » (Lamento du jardinier) L'amour est ici présenté sous ses multiples aspects :

- **l'amour à sens unique** : le jardinier est peut-être celui qui aime avec le plus de pureté et de désespoir. Il voue son cœur et sa vie à Électre, tout en sachant leur union impossible. Dans une certaine mesure, ce type d'amour est aussi celui de Clytemnestre à la fin de la pièce, puisqu'Égisthe se détourne d'elle ;
- **l'adultère** : la passion coupable est dédoublée entre Agathe et ses amants d'une part, Clytemnestre et Égisthe d'autre part. Si elle est vécue par Agathe comme une libération, elle est en revanche, pour Clytemnestre, une condamnation à mort ;
- **l'amour maternel** : Clytemnestre semble une mère incapable d'aimer sincèrement ses enfants. Pour des raisons inconnues, elle abandonne Oreste enfant et fait preuve de froideur envers Électre. Néanmoins, elle n'est pas insensible à leur égard et tente maladroitement de s'entendre avec sa fille ou de renouer avec son fils. À la fin de la pièce, la femme Narsès vient pallier ce manque d'amour maternel auprès d'Électre ;
- **l'amour filial** : Électre voue à sa mère une haine irrépressible depuis sa naissance, sans même en connaitre la raison. Elle se montre implacable, dure, blessante et ne lui accorde aucun pardon. Selon le jardinier, sa haine est en

fait indissociable d'une quête d'amour maternel. Quant à Oreste, il ne partage pas l'animosité de sa sœur, mais reste distant lors de ses retrouvailles avec Clytemnestre ;

- **l'inceste :** c'est un thème majeur de ce mythe et il se cristallise autour d'Électre. Tout d'abord, celle-ci aime son père Agamemnon comme une épouse – comme Clytemnestre aurait dû l'aimer – et l'idolâtre dans le souvenir. D'autre part, elle aime son frère comme une amante et comme une mère, allant jusqu'à lui donner symboliquement naissance : « Prends de moi ta vie, Oreste, et non de ta mère ! » (acte I, scène VIII) Enfin, Électre est aimée par Égisthe, le cousin de son père et l'amant de sa mère. La thématique incestueuse est donc ici omniprésente. D'ailleurs, le mythe d'Électre a été récupéré par Carl Gustav Jung (psychiatre suisse, 1875-1961) pour illustrer chez une jeune fille l'amour incestueux pour son père et le désir de tuer sa mère pour prendre sa place.

PISTES DE RÉFLEXION

QUELQUES QUESTIONS POUR APPROFONDIR SA RÉFLEXION...

- La tragédie grecque illustre toujours le passage brutal du bonheur au malheur. Qu'en est-il ici ? Giraudoux est-il fidèle à la tradition ? Justifiez.
- En quoi Électre est-elle un personnage absolument intransigeant ? Est-ce pour vous un défaut ou une qualité ? Discutez.
- En quoi le personnage d'Égisthe connait-il une transfiguration ?
- La nature est un motif récurrent de la pièce. Expliquez ici ses différents rôles en vous appuyant sur des exemples précis.
- Selon vous, que symbolise la croissance progressive des Euménides jusqu'à ce qu'elles aient atteint l'âge et la taille d'Électre ?
- Étudiez le thème de la pureté dans la pièce.
- Quelle est la particularité de l'amour qu'Électre porte à Oreste ? De manière générale, quelles sont les différentes modalités amoureuses rencontrées au fil de la pièce ?
- Giraudoux a choisi de ne pas clore sa pièce sur le meurtre final. Quel rôle tient la dernière scène ?
- Selon Claude Lévi-Strauss (anthropologue français, 1908-2009), « la valeur intrinsèque attribuée au mythe provient de ce que les événements, censés se dérouler à un moment du temps, forment aussi une structure permanente. Celle-ci se rapporte simultanément au passé, au présent et au futur. » (LÉVI-STRAUSS C., *L'Anthropologie*

structurale, Paris, Plon, 1958, p. 231) Commentez et justifiez, en vous appuyant sur la pièce de Jean Giraudoux.

- Que pouvez-vous dire de la réinterprétation du mythe selon Giraudoux au regard de celle que propose Jean-Paul Sartre dans *Les Mouches* (1943) ?

Votre avis nous intéresse !
Laissez un commentaire sur le site de votre librairie en ligne
et partagez vos coups de cœur sur les réseaux sociaux !

POUR ALLER PLUS LOIN

ÉDITION DE RÉFÉRENCE

- GIRAUDOUX J., *Électre*, Paris, Larousse, coll. « Petits Classiques », 1998.

ÉTUDES DE RÉFÉRENCE

- ALBERES R.-M., *Esthétique et morale chez Jean Giraudoux*, Paris, Nizet, 1957.
- RAVIDAT E., *Jean Giraudoux, la crise du langage dans La guerre de Troie n'aura pas lieu et Électre*, Paris, L'Harmattan, 2010.

SUR LEPETITLITTÉRAIRE.FR

- Commentaire de texte de la scène I de l'acte I de *La guerre de Troie n'aura pas lieu*.
- Fiche de lecture sur *La guerre de Troie n'aura pas lieu* de Jean Giraudoux.

DUMAS
- Les Trois
  Mousquetaires

ÉNARD
- Parlez-leur
  de batailles,
  de rois et
  d'éléphants

FERRARI
- Le Sermon sur la
  chute de Rome

FLAUBERT
- Madame Bovary

FRANK
- Journal
  d'Anne Frank

FRED VARGAS
- Pars vite et
  reviens tard

GARY
- La Vie devant soi

GAUDÉ
- La Mort du
  roi Tsongor
- Le Soleil des
  Scorta

GAUTIER
- La Morte
  amoureuse
- Le Capitaine
  Fracasse

GAVALDA
- 35 kilos d'espoir

GIDE
- Les
  Faux-Monnayeurs

GIONO
- Le Grand
  Troupeau
- Le Hussard
  sur le toit

GIRAUDOUX
- La guerre de
  Troie
  n'aura pas lieu

GOLDING
- Sa Majesté des
  Mouches

GRIMBERT
- Un secret

HEMINGWAY
- Le Vieil Homme
  et la Mer

HESSEL
- Indignez-vous !

HOMÈRE
- L'Odyssée

HUGO
- Le Dernier Jour
  d'un condamné
- Les Misérables
- Notre-Dame
  de Paris

HUXLEY
- Le Meilleur
  des mondes

IONESCO
- Rhinocéros
- La Cantatrice
  chauve

JARY
- Ubu roi

JENNI
- L'Art français
  de la guerre

JOFFO
- Un sac de billes

KAFKA
- La Métamorphose

KEROUAC
- Sur la route

KESSEL
- Le Lion

LARSSON
- Millenium 1. Les
  hommes qui
  n'aimaient pas
  les femmes

LE CLÉZIO
- Mondo

LEVI
- Si c'est un
  homme

LEVY
- Et si c'était vrai…

MAALOUF
- Léon l'Africain

MALRAUX
- La Condition humaine

MARIVAUX
- La Double Inconstance
- Le Jeu de l'amour et du hasard

MARTINEZ
- Du domaine des murmures

MAUPASSANT
- Boule de suif
- Le Horla
- Une vie

MAURIAC
- Le Nœud de vipères

MAURIAC
- Le Sagouin

MÉRIMÉE
- Tamango
- Colomba

MERLE
- La mort est mon métier

MOLIÈRE
- Le Misanthrope
- L'Avare
- Le Bourgeois gentilhomme

MONTAIGNE
- Essais

MORPURGO
- Le Roi Arthur

MUSSET
- Lorenzaccio

MUSSO
- Que serais-je sans toi ?

NOTHOMB
- Stupeur et Tremblements

ORWELL
- La Ferme des animaux
- 1984

PAGNOL
- La Gloire de mon père

PANCOL
- Les Yeux jaunes des crocodiles

PASCAL
- Pensées

PENNAC
- Au bonheur des ogres

POE
- La Chute de la maison Usher

PROUST
- Du côté de chez Swann

QUENEAU
- Zazie dans le métro

QUIGNARD
- Tous les matins du monde

RABELAIS
- Gargantua

RACINE
- Andromaque
- Britannicus
- Phèdre

ROUSSEAU
- Confessions

ROSTAND
- Cyrano de Bergerac

ROWLING
- Harry Potter à l'école des sorciers

SAINT-EXUPÉRY
- Le Petit Prince
- Vol de nuit

SARTRE
- Huis clos
- La Nausée
- Les Mouches

SCHLINK
- Le Liseur

SCHMITT
- La Part de l'autre
- Oscar et la Dame rose

SEPULVEDA
- Le Vieux qui lisait des romans d'amour

SHAKESPEARE
- Roméo et Juliette

SIMENON
- Le Chien jaune

STEEMAN
- L'Assassin habite au 21

STEINBECK
- Des souris et des hommes

STENDHAL
- Le Rouge et le Noir

STEVENSON
- L'Île au trésor

SÜSKIND
- Le Parfum

TOLSTOÏ
- Anna Karénine

TOURNIER
- Vendredi ou la Vie sauvage

TOUSSAINT
- Fuir

UHLMAN
- L'Ami retrouvé

VERNE
- Le Tour du monde en 80 jours
- Vingt mille lieues sous les mers
- Voyage au centre de la terre

VIAN
- L'Écume des jours

VOLTAIRE
- Candide

WELLS
- La Guerre des mondes

YOURCENAR
- Mémoires d'Hadrien

ZOLA
- Au bonheur des dames
- L'Assommoir
- Germinal

ZWEIG
- Le Joueur d'échecs

www.lepetitlitteraire.fr

ISBN version numérique : 978-2-8062-8688-8
ISBN version papier : 978-2-8062-7397-0
Dépôt légal : D/2017/12603/423

Avec la collaboration d'Eloïse Murat pour les fiches d'identité de « Jean Giraudoux » et « *Électre* », pour l'encadré sur « La guerre de Troie », pour l'étude du personnage du « jardinier », ainsi que pour les chapitres « La tragédie : de l'Antiquité au XXᵉ siècle » et « Le schéma narratif ».

Conception numérique : Primento,
le partenaire numérique des éditeurs.

Ce titre a été réalisé avec le soutien de la Fédération Wallonie-Bruxelles, Service général des Lettres et du Livre.

Made in the USA
Monee, IL
07 July 2026